AF461466

UNE FÊTE A PARIS

LE 12 MAI 1890

NOCES D'OR

OU

CINQUANTIÈME ANNÉE DE PRÊTRISE

DE

M. L'ABBÉ H. DUCLOS

CHANOINE HONORAIRE DE PARIS

Curé de Saint-Eugène

PARIS

IMPRIMERIE E. CAPIOMONT ET Cie

6, RUE DES POITEVINS, 6

1890

I

Le 12 mai 1890, c'était fête à l'église Saint-Eugène. Dans cette église, située dans le faubourg Poissonnière et le faubourg Montmartre, immédiatement voisine du *Conservatoire de Musique*, on lisait, la veille, le onze mai, sur des affiches : « Grands et petits, pauvres et riches, venons prier « demain pour notre cher curé qui a atteint ses « soixante-quinze ans. Puisqu'il a vieilli parmi « nous, l'occasion de ses noces d'or ou de ses « cinquante ans de vie de paroisse, ne nous trou- « vera pas indifférents. »

Quand il y a cinquante ans qu'on est prêtre, il y a grandement de quoi réfléchir. On revient à ses pieuses idées de jeune prêtre ; on mesure l'espace parcouru, que de grâces reçues ! mais quelle responsabilité ! a-t-on fait, n'a-t-on pas fait tout ce que l'on pouvait faire pour la sanctification des âmes ? d'autre part, comment ne pas remercier Dieu de toute son âme, de vous avoir conservé si longtemps pour travailler au bien !

La cérémonie était fixée pour neuf heures ; bien longtemps avant, l'église Saint-Eugène était remplie de monde, et non d'un monde venu par une simple curiosité. Tous subjugués par cette idée de *noces d'or* paraissaient attirés pour une manifestation affectueuse, car l'émotion était partout, au dedans et au dehors.

Au dedans. — Ceux qui ont pu se trouver le 12 mai 1890, à Saint-Eugène, où la foule regorgeait au dehors, se seront rendu compte de la sympathie qui respirait jusque dans l'air et sur tous les visages.

Cet empressement matinal, dès huit heures, est très significatif, dans un quartier de Paris et de la part d'une population des plus laborieuses, qui regarde de près à une *seule* minute de son temps. Selon le mot pittoresquement matériel d'une paysanne des environs de Fontainebleau, à laquelle le curé de l'endroit recommandait de faire aller plus souvent son mari à l'église : « Mon mari n'en est pas *carnassier* », répondit-elle, à propos des offices de l'Église... On peut dire d'un autre côté, que si les habitants des faubourgs Montmartre et Poissonnière ne sont pas carnassiers des offices non-obligatoires, il faut reconnaître cependant que, dans les moments importants, ils ne se laissent devancer par personne ; et leur tenue dans le lieu saint, est peut-être, plus que partout ailleurs, au dire des étrangers, respectueuse, digne, correcte, pieusement pénétrée.

Donc, avec les familles des classes les plus élevées, toutes les grandes maisons de commerce, de commission, d'exportation, tous les représentants des grandes manufactures de France (cristallerie, glaces, parfumerie, porcelaines, faïences, Saint-Gobain, Limoges, etc.), occupaient leur place à Saint-Eugène. Les divers consulats, installés dans le quartier, ceux de Danemark, de Costa-Rica, etc., n'étaient pas resté en arrière. Ainsi que les diverses associations religieuses, et les membres de la conférence de Saint-Vincent de Paul, Messieurs les membres du Conseil de Fabrique étaient au grand complet[1].

Pourquoi n'ajouterons-nous pas que M. le curé, avait voulu, par l'intermédiaire des sœurs de Saint-Vincent de Paul, que ses pauvres, auxquels il avait, la veille, fait accorder de sa bourse de larges aumônes,occupassent uneplace d'honneur? Y aurait-il une fête complète pour un curé si les malheureux ne partageaient pas sa joie ?

Il serait impossible d'énumérer, même approximativement, les diverses centaines de familles qui sont venues donner leur présence et leur prière au jubilé sacerdotal de M. Duclos : ... les Cailleux; Loridan; Panhard; Barbaroux; Félix Dehaynin; de Pontbriant; comtesse de Cholet-Nadaillac; les Carpentier; Berson; Lebel; Guibout; Charles de

1. Le Conseil de Fabrique a toujours été privilégié; il a eu de tout temps, des hommes distingués et de solides chrétiens; des conseillers d'État, de la Cour des Comptes, des avoués, avocats, notaires, des hommes d'affaires, des avocats généraux, des conseillers de la Cour de Cassation, des interprètes autorisés du Code pénal, les Aylies, Marchand, Paravey, Hémar, Bouissin, etc.

Machy; Rivière; baron de Bellissen-Benac; l'ancien avocat général Hémar; M. et Mme Alexis Rostand, directeur du Comptoir d'Escompte; Mme Gaveau-Sabatier; les Blanchet; Mme de Buffon; Delaporte; docteur Boureau; comte de Pontbriant; Guyot de Lisle; Félix Cottreau; Glandaz; Mme Eugène Calon; Ellies; Grafeuil; Lemoine; M. et Mme de Louvières; M. Dubois de Chefdebien, ancien député, et Mme Dubois de Chefdebien; Berrier; la famille Hollander; Albert Giraudeau; Pottier de Cyprey; les dames Alphonse Pinard; M. et Mme André Pinard; Poll da Silva; Ménétré de Lobel, directeur des postes; de la Morrinière; les familles Pouyer; M. Pouyer, ancien officier de marine; les de Fougères; de Vergès; Camille Leblanc; Fabre de la Ripelle; Mme de la Roncière; comte Duffour de Raymond; les Badières; M. et Mme Paul de Meaux; M. Nobecourt, du ministère des travaux publics; Mme Sédillot; docteur Béclère; Mme Teissier; Le Camus de Moffet; MM. Émile et Fernand Robert; Léon Devin; le sénateur Bordes Pagès; le député de l'Ariège, Joseph Sentenac; le peintre Wencker, auteur des portraits estimés des princesses Gortschakoff et Brancòvan; la comtesse d'Argout; les Adour; Saint-Vel; Berbegier d'Arassus; de Lapparent, le savant géologue; Ernest de Bonnières, ancien ministre plénipotentiaire à Téheran; la marquise de Narbonne-Lara et sa fille; Fiquet, architecte; les Periac; Charaudeau; Vaillant; Delacourtie; Deslandres; Gallet; Nacquart, conseiller à la cour d'appel; Delafontaine;

Bertucat; Morel d'Arleux; Collet Saint-Syr; Bouchacourt; comte Alfred Berthier; Ernest Froidure; comtesse Paul Berthier; Paul Calon, consul de Danemarck, président de la conférence Saint-Vincent de Paul, président du comité des Écoles; le comte Molitor; Mme Legentil; de L'Escaillle; M. et Mme de Lalain-Chomel; Mme de Sourdeval; les familles Chardin; Gilotin; Durand d'Erlo; Cambray; Bonnard; Marion; Mmes baronne de Joinville; Provot; Angrand; Tondu; Ducert; Dillon; baronne Despatys; Pacquier; MM. Foubert; Sabourdin; André de Boistertre; Baudon de Mony; Lanchantin; Coudray; Gouvio de Metz; Becquet; Gadala; Mme Destors; Delallée; Gustave Dubois; Noël; Bessonnat, receveur des postes; Carbonnier; Navières la Boissière; docteur de Beauvais; marquise de Miramont; comtesse de Damas d'Hautefort; Charles d'Hericault, fondateur de la *Revue de la Révolution;* baron et baronne d'Orgeval; docteur Commenge et Mme Commenge; Briançon; Beaune; Sizaire; Robineau; Champetier de Ribes; Poiret; de Villiers; Bourdon; Pécour; Desforges; Ducos; Couvreux; de Gourney; Neuville; Sorbet; Lepage; Vatin; Craney; Lhermelot; Poinsot; Aubry; Vautier; Bonneau; Beau; Noailles; Gigot; Lazary; Rey; Boivin; Devos-Logie; Meyssonnier; Meuland; Grandgeorge; le directeur du Conservatoire, Ambroise Thomas; Albert de Villain; Offroy; Fauconnier; Vilin; Virgile Hebert; Gosset, de la Cour des comptes; comtesse de Bourmont; comtesse de Sémalé; Frémont; de Baecque; Lagorce;

comte Cholet; Mmes de Meaux; Fatien; Barré; Viellard-Migeon; Godet; Thomas; Marie; Gaytte; Francis Lefèvre; Prieur; Chailus; Dautrive; marquise de Provigny; Ségard; Drouet; Emery; Houdé; Pierson; Delamotte; Lamy; Hattat; Gianella; Colas; Bricogne; MM. Chaix, imprimeur; Bapterosses; Paulmier; Perrot; Devos; Palacios; baronne Fain; Dr Pailloux; Étienne; Roger; Marcille, directeur du Musée d'Orléans; Vion; Marcilhacy; Thiebault; Morsaline; Faiseau-Lavame; Leveau; Jacquemier; Demoiselles Dansac; Berthe Calon; Reverend; MM. de Valois; Duchollet de Costebelle; Albert Tournier[1]; Lemaître; les familles de Luppé; de Laboulaye; Saint-Pol-Lias, explorateur géographe; Chabrier du Gol; Hermelin, etc., etc.[2].

Il semblait comme si cette masse avait été frappée des paroles du livre du *Levitique*, et des réflexions d'un grand Prélat aux noces d'or d'un évêque : « Vous sanctifierez l'année cinquantième, car elle

1. Il se trouvait quelques *félibres* dans la réunion du 12 mai. L'auteur célèbre de *Mireille*, Frédéric Mistral, a, un jour, désigné M. Duclos « *chapelain des Félibres* ». — M. Duclos qui s'est occupé de poésies romanes a raconté une anecdote relative à une réunion à l'Hôtel Continental, juillet 1889). Un des félibres ayant dit : « Oui, il nous faut M. Duclos pour chapelain; il nous fera entrer au ciel... » — Oui, répliqua M. Duclos : je ne demande pas mieux que de vous conduire au ciel tous, cigaliers et félibres; mais il faut vous y prêter. »

2. La liste de ceux qui auraient voulu se rendre à la cérémonie et qui en furent empêchés par les devoirs de leur profession, par des occupations ou des nécessités urgentes, doit être considérable. De ce nombre, l'auteur de *Faust*, M. Gounod, le représentant illustre de la France à la conférence de Berlin, M. Jules Simon, le général Ségrétain. Nous avons dressé ces listes, d'après les indications de plusieurs assistants à la cérémonie diversement informés, sans répondre que ces listes de présence soient absolument exactes.

est une année jubilaire : *sanctificabis annum quinquagesimum, ipse est enim jubilæus* (Levitic. XXV. 10.) » Or si, dans la durée du monde, chaque demi-siècle doit être marqué par quelque grande manifestation, n'est-il pas raisonnable que, dans la vie beaucoup plus restreinte des particuliers, la même période soit consacrée par un acte religieux ? (Mgr Pie, aux noces d'or de l'évêque d'Angers, en 1865).

Au dehors, — n'agrandissons pas trop les proportions des choses, — mais tandis que, à Paris, l'approche du 12 mai provoquait un mouvement de sympathie marquée dans une grande partie du neuvième et du dixième arrondissement, on aurait pu croire que l'émotion avait gagné au dehors et que la province voulait en quelque sorte faire écho et prendre part à la pacifique coalition des affections Parisiennes et paroissiales. Nous savons que des lettres d'adhésion à la fête, avec la promesse d'une présence mentale, venues de divers points de la France, ont afflué d'une manière considérable au presbytère de Saint-Eugène. Souhaits, vœux, félicitations, adressés par de jeunes et par de vieux amis [1], par d'anciens paroissiens, ou par ceux dont

---

1. Ne pourrait-on pas dire presque « amis de la terre et du ciel ? » Ainsi, une vénérable religieuse, femme d'une rare distinction, d'origine Belge, écrivait à M. Duclos les lignes suivantes en évoquant le souvenir d'un mort, à propos du P. Théodore Ratisbonne avec qui notre curé de Saint-Eugène vivait en confraternité, en 1844, 45, 46 ainsi qu'avec MM. Bautain, Louis Veuillot, Gounod, Mgr Gay, Mgr Bonnechose, etc.

« Permettez-moi, monsieur le curé, de joindre mes humbles félicitations aux vœux qui vous seront exprimés. Je n'aurais aucun

la première communion se rattachait au nom de M. Duclos, sont arrivés de Pau, Brest, Nantes, Boulogne-sur-Mer. — Le Havre, Rouen, Dieppe, Belfort, Versailles ont répondu comme Pamiers, Foix et Alger. Également Hastings (Angleterre), Glasgow, Bothwell (Écosse) ont envoyé des souvenirs.

Quant au pasteur qu'on fêtait, on devine ce qui devait se passer dans cette âme. Cinquante ans de prêtrise, quelle responsabilité ! Qu'on est loin des *quindecim annos, longum ævi spatium* de Tacite ! — Et si Chateaubriand a pu dire que « la vieillesse est une voyageuse de nuit ; que, ne voyant presque plus la terre, devenue obscure, elle n'aperçoit et ne regarde, et ne veut voir que le ciel »,.. que sera-ce d'une cérémonie où célébrant la vieillesse d'un pasteur d'âmes, on lui rappelle qu'il a dû et doit vivre non pour lui-même, mais pour les autres ? Combien devait-elle parler à l'âme et remuer les pensées de foi, cette cérémonie ? Sans doute que, ce jour là, M. Duclos revoyait dans sa mémoire et dans son cœur, ses deux premières messes, dites en 1840, avec tant d'attendrissement, nous a-t-il dit, l'une au petit séminaire de Pamiers,

droit à vous les faire entendre, si je ne croyais être l'écho d'un souvenir qui, pour n'être plus de la terre, n'en est pas moins fidèle dans le ciel, aux saintes affections, formées en Dieu ici-bas.

« C'est vous dire, monsieur le curé, que la famille religieuse du R. P. Ratisbonne joindra ses prières à celles de son regretté Fondateur, pour demander à Notre Seigneur de daigner ajouter aux années que vous avez consacrées au service de l'Église, bien d'autres encore, de plus en plus fructueuses, et riches en mérites pour l'Éternité. » (Sœur B... de...)

la ville, avec Toulouse, de ses études classiques, l'autre, le lendemain, dans l'église des Carmélites de la même ville de Pamiers.

Voici maintenant le récit de la cérémonie, qu'on lit dans la *Semaine Religieuse* de Paris, du 17 mai :

II

« **Noces d'or de M. Duclos, curé de Saint-Eugène.** — Le lundi 12 mai, la paroisse Saint-Eugène a célébré le cinquantième anniversaire de l'ordination sacerdotale de son pasteur, M. l'abbé Duclos. L'église, magnifiquement ornée, était remplie d'un concours de fidèles, nombreux comme aux plus grands jours de fêtes. C'en était un, en effet, pour les paroissiens. Pauvres et riches, tous étaient venus avec empressement demander à Dieu de conserver longtemps encore à son troupeau celui qui en est le père depuis vingt ans, et de lui garder longtemps encore cette vigueur que n'ont point altérée les années. Aux paroissiens de Saint-Eugène s'étaient joints un grand nombre d'ecclésiastiques qui étaient venus unir leurs prières à celle du vénéré jubilaire. Nous avons remarqué notamment : MM. Legrand, vicaire général, curé de Saint-Germain l'Auxerrois ; Reulet, doyen du chapitre métropolitain ; de l'Escaille, chanoine titulaire ; Durutte, chanoine prébendé; Millaut, curé de Saint-Roch; Gaultier de Claubry, curé de Saint-Jean-Saint-François: Quignard, curé de Saint-Eustache; Hutellier, curé de Saint-Vincent de Paul; de la Guibourgère, curé de Saint-Georges; Picaud, curé de Saint-Martin; Laurençon, curé de Saint-Joseph; Douvain, curé de l'Annonciation de Passy; de Beauchamp, curé de Saint-Etienne du Mont; Rivié, curé de Saint-François-Xavier; Pinat, curé de Saint-Leu; de Montferrier, curé de Notre-Dame de Bonne-Nouvelle; Brisset, curé de Saint-Augustin; Ritouret, curé de Saint-Lambert de Vaugirard; Fleuret, curé de Saint-Philippe du Roule; Piot, supérieur du petit séminaire de Notre-Dame des Champs; Bieil, directeur, et Lerosey, maître des cérémonies du séminaire de Saint-Sulpice; l'abbé Connelly, conseiller honoraire à la Cour de cassation, professeur de droit à l'Institut catholique; l'abbé Dumont, l'éloquent conférencier, chef de l'École Jeanne d'Arc; l'abbé Menant des Chesnais, procureur des missions coptes d'Égypte; l'abbé Bourlier, de l'Institut catholique; Miquel, premier vicaire de Saint-Philippe du Roule; Tardif, premier vicaire de Saint-Honoré d'Eylau; Lefebvre, premier vicaire de Saint-Ferdinand des Ternes; l'abbé Bastide, second vicaire de la Madeleine; Bozon, second vicaire de Saint-Vincent de Paul; Mailhes, second vicaire de Bonne-Nouvelle; Blériot, premier vicaire de Saint-Christophe de la Villette; Pidot, vicaire de Saint-Ambroise; De Cormon, vicaire de la Madeleine; et plusieurs membres des ordres religieux : le P. Albert du Saint-Sauveur, des Carmes déchaussés ; le P. Liaigre de la compagnie de Jésus ; le P. Vincent Maumus, des Frères Prêcheurs ; le P. Ludovic de Besse, de l'ordre des Capucins ; le P. Tisné, des Lazaristes, etc., etc.

« Son Em. le Cardinal-Archevêque a présidé la cérémonie, assisté de M. Caron, vicaire général, archidiacre de Notre-Dame, et M. Pousset, chanoine honoraire, ancien premier vicaire de Saint-Eugène.

« A la porte de l'église, M. le Curé a reçu Son Éminence et lui a adressé les paroles suivantes :

« Éminence,

« Il est bien facile de voir que votre cœur d'évêque et d'apôtre est largement ouvert, et que, selon le mot de saint Paul, vous êtes vraiment tout à tous. Après les cérémonies d'anniversaires nationaux, après les fêtes d'une contrée entière honorant quelque missionnaire, martyr de l'Océanie, natif de l'une de ses bourgades, vous venez, vous qui ne savez rien refuser, porter la bénédiction de votre présence à la paroisse Saint-Eugène, pour une petite et simple fête de famille.

« Agréez, Éminence, avec nos profonds respects, notre joyeuse reconnaissance envers votre personne sacrée. Votre visite met le comble à vos faveurs.

« Après avoir accordé au pasteur de la paroisse, il y a dix jours à peine, une distinction absolument inattendue, en lui conférant la dignité de chanoine de votre métropole, vous voulez bien aujourd'hui, Éminence, honorer de votre précieuse présence la cérémonie du cinquantième anniversaire de son sacerdoce, c'est-à-dire honorer la paroisse elle-même dans son curé.

« Au nom des paroissiens et du clergé, vifs et ardents remerciements au Père commun de nos âmes, au bon Cardinal-Archevêque, pour la visite qu'il accorde à une portion de son vaste troupeau, et à la vieillesse de l'humble pasteur de Saint-Eugène. »

« Après ces paroles, Son Éminence est venue prendre place sur le trône qui lui avait été préparé, et M. Duclos a célébré la sainte messe, entouré de tous ses vicaires. Pendant la messe, la maîtrise a exécuté plusieurs morceaux d'excellente musique avec un talent que tous les assistants ont admiré. Après l'évangile, M. l'abbé Huvelin, vicaire à Saint-Augustin, ancien vicaire à Saint-Eugène et enfant de la paroisse, a prononcé une courte allocution. En quelques paroles vivement senties, il a expliqué aux fidèles comment tous devaient s'unir pour prier avec celui qui avait le bonheur de célébrer le jubilé de son ordination sacerdotale. La parole qui s'échappe de ses lèvres en ce jour est celle-ci : Bénissez le Seigneur avec moi. Il a tracé ensuite en quelques traits l'esquisse de la vie pastorale de M. Duclos. Ne jamais faire souffrir les autres, passer au milieu de tous, à l'exemple du divin Maître, en faisant le bien, soulager les pauvres, consoler les affligés, distribuer aux pauvres le pain du corps et à tous le pain de la vérité ; c'est ainsi que M. Duclos a conçu la vie sacerdotale et qu'il l'a pratiquée. En même temps, pensant à ceux que la parole du prêtre ne peut atteindre, mais que le livre peut aller chercher, il a voulu montrer que le travail du savant peut s'allier à la sollicitude du pasteur. De cette pensée sont nés ces ouvrages qui lui ont attiré l'estime du monde lettré et ont été pour lui une nouvelle occasion de faire du bien.

« Après cette courte allocution, M. l'abbé Duclos a terminé la sainte messe.

« Puis, Son Éminence le Cardinal-Archevêque est monté en chaire pour dire aux fidèles combien il avait été heureux de prendre part à cette fête de famille. C'est toujours une joie pour lui de constater quel bien fait dans cette capitale le vénérable clergé de Paris, pour employer l'expression que l'Église met dans la bouche de l'évêque quand il s'adresse au synode. Il remercie Dieu de l'avoir mis à la tête de ce diocèse où il rencontre de la part du clergé et des fidèles, tant de dévouement et de charité.

« Ce nombreux concours de fidèles montre la sympathie qui unit le troupeau au pasteur; le prédicateur qui disait tout à l'heure, avec l'éloquence d'un cœur sacerdotal, ce qu'a été la vie de M. Duclos, a été l'écho de ses collaborateurs dans le saint ministère, et de tous les fidèles de la paroisse.

« Son Éminence a terminé la cérémonie en donnant sa bénédiction à l'assemblée.

« M. le Curé a reçu ensuite, dans la maison récemment acquise pour l'orphelinat et les écoles des Sœurs de Saint-Vincent de Paul, Son Éminence le Cardinal MM. les membres du Conseil de fabrique et du Comité des Écoles, MM. les Vicaires de la paroisse et quelques amis. A la fin de ces agapes fraternelles, M. Hélin, premier vicaire, a lu une pièce de vers, où il exprimait spirituellement les vœux et les félicitations du clergé de Saint-Eugène à son pasteur ; puis MM. Pitaux, président du Conseil de fabrique, au nom du Conseil ; l'abbé Pousset, au nom des anciens vicaires ; Bordes-Pagès, sénateur de l'Ariège ; le docteur Commenges et M. d'Héricault, au nom des compatriotes et des amis de M. le Curé, ont pris successivement la parole. M. Duclos avec une verve pleine de charme et d'à-propos, a répondu en quelques mots vivement applaudis. M. Dehaynin s'est félicité de voir la maison habitée jusqu'ici par son respectable beau-père devenir une maison consacrée à la prière, à la charité et à l'éducation de la jeunesse. Son Éminence le Cardinal a résumé les vœux de tous en souhaitant que celui qu'on avait appelé avec tant de justice « le plus jeune des Ariégeois », reste encore longtemps à la tête de ce troupeau qui lui témoigne aujourd'hui une sympathie si méritée. »

III

Ce que la *Semaine Religieuse* de Paris, ne pouvait donner dans un compte rendu nécessairement bref et sommaire, ne devons-nous pas, quant à nous, au lieu d'en priver le lecteur, le lui restituer ? C'est pourquoi, pour rendre à cette cérémonie exceptionnelle, toute sa couleur, son animation, sa vie, il nous faut entrer dans les détails de tout ce qui s'est dit, de tout ce qui s'est fait, en nous dégageant d'une réserve qui avoisinerait la froideur ; car il y avait dans l'air une sainte électricité. Ne parlons point de banale curiosité. On sentait régner une surnaturelle émotion, ce qui faisait dire à l'un des curés : « décidément, la paroisse Saint-Eugène est enlevée ! » L'église elle-même, les murailles, les colonnes, les tribunes, tout s'était fait beau; les minces colonnes enlacées de corbeilles formant un cercle, semblaient orgueilleuses de porter des massifs de fleurs. Près du sanctuaire flottaient de longues banderoles de velours rouge, avec les chiffres du pasteur, H. D. et les deux dates 1840-1890. Le jubilaire avait la joie de voir que l'une des chapelles, celle dédiée au saint Patron (Eugène), restée pour ainsi dire inachevée depuis trente ans, venait de recevoir une décoration des plus brillantes et des plus artistiques, grâce à une bonne pensée de ses chers vicaires, secondés par le généreux concours de quelques fidèles.

Lorsque le Pasteur alla recevoir le Cardinal, à la porte de l'église, on a vu, plus haut, les courtes paroles prononcées par M. Duclos, en recevant Son Eminence. — Le Cardinal, qui ne voulait rien retarder, ni pour les fidèles, ni pour le Pasteur naturellement impatient de monter à l'autel pour son cinquantenaire, répondit en deux mots qu'il avait tenu à s'associer à cette belle fête de paroisse. — « Il y a ici des émotions que la religion seule procure, et j'ai voulu les partager. Quand il y a union entre le pasteur et le troupeau, cette union bénie que notre Seigneur Jésus-Christ a tant désirée, c'est un de ces spectacles, auxquels un Évêque ne reste pas insensible. — Vous me parlez, monsieur le curé, du canonicat de Notre-Dame, que j'ai jugé à propos de vous conférer, mais votre élection n'était-elle pas souhaitée de tous? et c'est ici le cas de répéter la maxime : *vox populi, vox Dei*.... »

Ces paroles furent écoutés avec un religieux silence, par une foule recueillie, heureuse de contempler le chef bien-aimé du diocèse. — Mais il nous faut revenir un peu sur nos pas, et sur les préliminaires du 12 mai.

Le 30 avril, M. Duclos avait reçu du cardinal Richard, une lettre d'une bonté exquise, lui annonçant que son Eminence viendrait s'associer à la pieuse célébration de son jubilé sacerdotal. Cette lettre renfermait une particularité délicate : « Veuillez recevoir, cher et vénéré Monsieur le Curé, ce témoignage de l'attention de votre archevêque, que je vous adresse sous les auspices de la très Sainte Vierge, et avec *la dot* du premier jour du mois de Marie ».

Cette dot, pour les noces d'or, était la dignité de chanoine de Paris.

M. Duclos fut reçu, le lundi 5 mai, par le chapitre de Notre-Dame, et installé, comme chanoine, le mardi 6 mai.

Voici les paroles, qui furent adressées au nouveau chanoine, le jour de sa réception, par le vénéré doyen du chapitre. Ancien secrétaire du cardinal Guibert, M. Reulet, originaire des Pyrénées, ou plutôt des plaines de Toulouse, est un écrivain aux justes et fines pensées ; quand il arrive, à ce lettré si familier aux ciselures du style, quand il lui arrive d'écrire — ce qui n'a pas lieu assez souvent — il vous donne de vraies perles :

« Monsieur,

« Avant de vous inviter à réciter votre profession de foi, j'ai l'agréable mission de vous souhaiter la bienvenue au nom du chapitre.

« Nous aimons à reconnaître que vous aviez les plus sérieux titres à la distinction que Son Éminence vous confère aujourd'hui. Vous avez fait, de votre vie, deux parts : la part du prêtre et la part du littérateur. La grosse part, bien entendu, a été pour le prêtre. Dans les divers postes que vous avez occupés, vous vous êtes appliqué, — et vous avez souvent réussi, par un zèle trempé de discrétion et de douceur, — à attirer les âmes aux pratiques religieuses. Mais c'est surtout à Saint-Eugène que cette discrétion dans le zèle, cette aménité de formes, ont rendu votre ministère fructueux. Plus d'un peintre, plus d'un comédien, plus d'un sculpteur célèbre, ont retrouvé, grâce à votre houlette fourrée de velours, le chemin de l'Église.

« Ici, comme toujours, nous voyons le doigt de la Providence. A Saint-Eugène, à ce quartier peuplé d'artistes, il fallait un curé artiste. En vous y nommant, il y a dix-huit ans, Mgr Guibert remplissait le dessein providentiel.

« Car vous êtes artiste, artiste de la plume, et l'*Histoire de Royaumont*, *Les Hommes Illustres de l'Ariège*, sont là pour attester que vous n'avez pas laissé stériles les rares loisirs que le littérateur pouvait dérober au pasteur.

« Nous nous déclarons donc heureux d'ouvrir nos rangs au curé si méritant que Mgr l'Archevêque veut honorer à l'occasion de sa cinquantaine, et que Son Éminence nous présente par les mains de son très digne archidiacre. (M. l'abbé Caron, vicaire-général.)

« Et moi, organe auprès de vous des félicitations du chapitre, il me plait d'ajouter à ces félicitations une note personnelle. Vous et moi, nous eûmes le même berceau classique, à Toulouse, et nous nous sommes assis sur les mêmes bancs. Il m'est particulièrement doux, il est doux au doyen du chapitre de Notre-Dame, de donner l'investiture de Chanoine honoraire à celui qui fut son aîné au séminaire de l'Esquile, cette maison célèbre dont ses enfants sont toujours fiers, même à Paris, même après 40 et 50 ans d'absence.

IV

L'église Saint-Eugène n'aurait pas voulu rester, le jour de la fête de son pasteur, en dessous de sa réputation comme musique, puisque on la nomme l'*Église du Conservatoire*, et que beaucoup de Parisiens voudraient qu'on lui donnât, aussi, le nom d'*Église de Sainte-Cécile*. De l'aveu de tous les assistants, M. Raoul Pugno, l'un des plus brillants maîtres de chapelle, secondé par M. X. Leroux, sut y aviser amplement avec ses larges idées musicales.

A l'entrée du cardinal, le grand orgue, les trompettes avec trombone firent entendre le prélude de *Jeanne d'Arc*, de Gounod. On donna ensuite le *Gloria* de la messe de Rousseau ; le *Sanctus* de la messe de Sainte-Cécile de Gounod ; le *Panis angelicus* de la messe de Franck ; l'*Agnus Dei* de la messe de Rousseau ; le *Laudate* de X. Leroux.

L'exécution de la messe a été jugée particulièrement digne du voisinage du Conservatoire, les chœurs furent dirigés par M. Leroux, un homme de beaucoup d'avenir; le grand orgue fut tenu par M. Pugno, dont la renommée n'est pas à faire; les soli de violon et de violoncelle, par MM. Paul Viardot et Mariotti.

Après l'Évangile, M. l'abbé Huvelin, vicaire de Saint-Augustin, est monté en chaire, pour donner, dans une esquisse rapide, l'histoire du long ministère du vénéré jubilaire. M. Huvelin, dont les premières années de sacerdoce se sont passées à Saint-Eugène, qui fut vicaire de M. Duclos jusqu'en 1875, est un ancien élève de l'École normale supérieure, et passe pour le premier helléniste de France, au dire de M. Duruy. M. Huvelin, esprit transcendant, orateur fécond, est surtout un apôtre. Cette âme de feu, qui s'est nourrie, réchauffée aux sources de l'amour du Christ, peut être nommé un conquérant d'âmes, lui dont les dernières visites ne furent inutiles ni à M. Littré, ni à M. Caro, ni à M. Nisard. Comme le doyen du chapitre de Notre-Dame, il a vu deux parts dans la vie de M. Duclos; il a commenté, pour ainsi dire, les paroles de la Sainte Écriture : « *laudemus viros gloriosos pulchritudinis studium habentes; hi viri misericordiæ sunt quorum pietates*. M. Huvelin a loué l'homme modeste et travailleur, qui ayant eu le goût de l'étude du vrai et du beau, et la beauté du goût pour l'étude et la science, s'est répandu en œuvres de miséricorde et de bien. Écoutez-le :

« Mes frères,

« Il est doux de voir toute cette famille paroissiale de Saint-Eugène unie autour de son Père, réalisant à la lettre la parole de saint Cyprien : « *Plebs sacerdoti adunata ;* C'est un peuple qui ne fait qu'un avec son Prêtre. — *Grex pastori adhærens ;* c'est un troupeau serré contre son Pasteur. »

« Tous ont entendu sa voix : « *Magnificate Dominum mecum et exaltate nomen ejus in idipsum !* » Louez le Seigneur avec moi qui suis impuissant à le louer tout seul ; d'une commune voix, exaltons son saint nom !

« Car le prêtre a horreur de se sentir seul, et plus il est prêtre, moins il sait être seul ; ceux que Dieu lui a confiés, il les prend avec lui, il les porte à l'autel pour être bénis. Cet autel où Jésus aime jusqu'au bout, n'est pas le lieu où l'on oublie, et le prêtre, en son cœur élargi, répète à jamais la prière du Christ : « *Ubi sum ego, volo ut et illi sint mecum ;* Père, où je suis, je veux qu'ils soient aussi. »

« 1840-1890. Cinquante ans ! C'est long ! Que de choses ont changé, se sont transformées, ont disparu ! que de régimes différents se sont succédé ! — Le prêtre est resté, donnant aux âmes les paroles du Christ qui ne passeront pas, et ses grâces qui font vivre. « *Jesus transiens per medium eorum, ibat...;* Jésus passant au milieu d'eux, suivait sa route, » toute marquée de ses bienfaits.

« 1840-1890. C'est long ! Comptez, si vous pouvez, autour du bon prêtre les âmes relevées et soutenues, les souffrances soulagées, les pauvres consolés, les enfants instruits, tant de germes féconds jetés dans les cœurs, tant de grâces répandues ! « *Virtus de illo exibat, et sanabat omnes ;* Une vertu sortait de lui, guérissant tout ce qui l'approchait. »

« Et l'Esprit saint était dans le prêtre, « *paulatim pertractans et componens animum ;* lui maniant, lui façonnant le cœur peu à peu », formant de plus en plus en lui une âme pacifiée, douce, bienfaisante aux autres. Et c'était sa joie, sa divine joie de faire du bien, et par là Dieu renouvelait sans cesse et « réjouissait sa jeunesse ».

« Ah ! il n'y a pas ici de malentendu. C'est bien la belle, la haute vie, telle qu'on l'a rêvée. Le Seigneur a tenu et bien au delà, toutes ses promesses. Et, de son côté, ce que notre vénéré pasteur voulait il y a cinquante ans, aujourd'hui il le veut encore, il le veut davantage. Ce qu'il donnait alors, plus que jamais il le donne en toute connaissance de cause, d'un cœur plus fidèle encore et plus aimant. En se racontant à lui-même son histoire, à travers les épreuves, les douleurs inséparables de toute vie, il raconte aussi toutes les bontés du Seigneur : « *Misericordias Domini in æternum cantabo!* »

« C'est en 1869 que M. Duclos parut à notre chère paroisse comme une douce vision de paix : « *beata pacis visio.* »

« Nous voyons encore sa physionomie d'alors, telle que vous la voyez aujourd'hui, toute faite de bonté, de bienveillance..... Avait-il souffert? On l'eût deviné à cette horreur qu'on lui a toujours vue de faire souffrir, aux ménagements dont il usait, à cet esprit conciliant, à cette invincible douceur qui a été, pour notre chère paroisse, une précieuse ressource, une réelle protection dans des circonstances particulièrement difficiles. Ajoutez à tout cela un très rare désintéressement, le souci délicat des misères, des besoins des autres, un ensemble de qualités naturelles qui parent les surnaturelles vertus du prêtre, qui hélas! les lui font quelquefois pardonner!

« Le labeur infatigable de M. Duclos faisait croire aux Bénédictins. Il montre bien en sa personne que le travail n'use pas, mais qu'il conserve, qu'il *rajeunit!*

« *La Destinée humaine*, une exposition de la Doctrine catholique sous le titre de *Christianisme pratique* furent ses premiers livres, pleins de ce qu'il avait prêché, et, comme on dit aujourd'hui, ce qu'il avait *vécu*.

« Le regard du bon Pasteur, au delà du peuple fidèle, va chercher le peuple plus nombreux, hélas! de ceux qui doutent, qui succombent aux difficultés : « J'ai d'autres brebis qui ne sont pas de cette bergerie. Il faut que je les amène aussi! » Cette parole du Sauveur est entendue du vrai pasteur d'âmes, et devient son souci constant. On ne se fait pas à cette douleur. A ces esprits hésitants, à ces âmes si sincères et si bonnes, il est utile de montrer que des prêtres ont vu, ont connu, étudié toutes les objections, qu'ils en ont été émus, inquiets, et que leur foi est demeurée entière, tout attendrie cependant de compassion pour les âmes et de charité.

« Dans l'*Histoire de l'abbaye de Royaumont*, M. l'abbé Duclos a évoqué les souvenirs du moyen âge si religieux, si plein de nos gloires françaises. Les sept volumes sur les

Ariégeois, tribut d'un long et filial amour, très digne d'une âme de prêtre, pour la terre natale, sont devenus un vrai monument, une histoire complète et définitive de toute la région.

« Bossuet qui envoyait à l'abbé de Rancé les oraisons funèbres de la Reine Henriette de France et de la Duchesse d'Orléans, « comme deux têtes de mort assez touchantes », n'en voudrait pas à notre cher Curé de son *livre sur Mademoiselle de La Vallière et Marie-Thérèse*, où paraît le soin si rare aujourd'hui et si délicat de relever en face de coupables amours, la beauté méconnue de l'Épouse de Louis XIV, et « cette éclatante blancheur, symbole de son innocence ».

« C'est ainsi que notre cher Pasteur est demeuré au milieu de nous, édifiant de sa piété, souvent aussi, en des heures difficiles, protégeant notre bien-aimée Paroisse de l'estime, de la sympathie, du respect qu'il inspire. Il est bien du nombre de ceux dont le souvenir est doux, et dont la vue est bienfaisante.

« Venons maintenant mêler notre prière à la sienne, nos actions de grâces à son action de grâces. Entrons avec lui dans le Saint Sacrifice. Il nous y prend tous avec lui pour nous offrir à Dieu. « *Sint consummati in unum;* Qu'ils soient tous consommés en un », suivant la prière du Sauveur; oui, tous ceux qui forment cette paroisse, et tant de belles âmes que Dieu a déjà prises pour Lui, et ceux qui sont ici, et ceux qui peut-être sont loin, mais non pas loin du cœur du Prêtre dont la prière va les chercher et les atteindre!

« Que tous soient la consolation du Pasteur sur la terre, sa glorieuse Couronne au Ciel! »

V

La messe, après l'allocution très remarquée par tous du vicaire de Saint-Augustin, a été continuée, et menée sans interruption, jusqu'à la fin. Tout le monde priait. Rarement la prière avait été si intime, si générale, si intense; et lorsque le saint sacrifice touchait à son terme, tous les yeux se tournèrent interrogativement vers le trône et le prie-Dieu du cardinal. On se demandait, comme dans l'Évangile, si l'archevêque renverrait à jeun cette foule avide, sans lui distribuer le pain de la parole sainte. Un pieux frémissement a circulé de rang en rang, quand Mgr Richard s'est dirigé vers la chaire. Dès le début, le vénéré cardinal a fait remarquer, que dans une pareille journée, tout devait s'absorber dans la paroisse Saint-Eugène, et dans la fête de son pasteur, sans alliage étranger. Il a fait observer que le pieux orateur, qui venait de s'exprimer avec tant d'éloquence et de cœur, M. l'abbé Huvelin, était un enfant de la paroisse Saint-Eugène. Ne doit-on pas ramener à Dieu cette belle chaîne qui, faisant un seul tout des troupeaux et des pasteurs, réalise sur la terre les plus solides unions terrestres ? Ne faut-il pas que l'union des cœurs prenne d'abord sa source au ciel, dans le cœur de Dieu, se répande ensuite dans le représentant de Dieu sur la terre, dans le vicaire de Jésus-Christ, chef des apôtres, et passe enfin par le vicaire de Jésus-Christ, et par les évêques, pour se répandre en flots bénits sur les divers troupeaux, qui se nomment les familles paroissiales ? Son Éminence a souhaité ensuite que le pasteur, dont c'étaient les noces d'or, fut longtemps encore conservé aux ouailles de Saint-Eugène.

Les paroles du bon cardinal ont touché les auditeurs, soit par elles-mêmes, soit à raison de la haute autorité dont elles émanaient ; les paroissiens de Saint-Eugène étaient heureux d'entendre le vénéré chef du diocèse, notre pieux et docte cardinal, retrouvant dans son langage fénelonien cette pureté de goût, cette solidité de savoir qui brillent d'ordinaire dans ses écrits, dans ses lettres pastorales, dans sa belle *Vie de la Bienheureuse Françoise d'Amboise, duchesse de Bretagne, et religieuse carmélite*, et dans ses *Souvenirs intimes de la vie de Mgr Jacquemet*, évêque de Nantes.

En voyant cette fête personnelle au pasteur, qui a dépassé par son éclat ce qui se voit d'habitude, en constatant combien M. Duclos, avait, sans s'en douter peut-être, gagné tous les cœurs, et comment tout le faubourg Poissonnière-Montmartre montrait de l'empressement à participer à cette fête jubilaire, on doit remercier le saint cardinal d'avoir mis en relief ces deux remarques : quelle est la beauté de l'unité dans l'église catholique grâce à son sacerdoce, et quelle place tient un curé dans sa paroisse, quoi qu'on fasse en général pour l'amoindrir. Son Éminence qui, dans son premier diocèse de Belley, a vu des types inoubliables de curés de paroisse, le curé d'Ars, l'abbé Gorini, tout entiers aux œuvres de sanctification directe des âmes, sans négliger l'alimentation scientifique, n'a pas laissé échapper l'occasion de se féliciter, comme toujours, du concours qu'il trouve, pour son immense tâche, pour les œuvres de zèle et de charité, dans son clergé de Paris, dont il a tous les respects et tous les dévouements. Surtout l'assemblée a été édifiée, non seulement de ce je ne sais quoi dans la parole de l'archevêque, qui tient à sa paternité spirituelle sur les âmes de son cher et grand diocèse ; mais par-dessus tout, de cet accent, que rien ne saurait suppléer, nous voulons dire cet accent qui révèle l'intimité cherchée et trouvée avec le Bon Dieu. Il faut ici entrer dans l'ordre des choses de foi pour apprécier et ressentir combien Dieu seul peut créer ce prestige, cette auréole, céleste mélange de simplicité et de grandeur, qui entoure les hautes notabilités de la hiérarchie dans la sainte Église catholique et donne à leur parole une onction communicative, une pénétrabilité sainte, vraiment incomparables.

La cérémonie terminée, le cardinal s'étant rendu au pied de l'autel, le *Te Deum* entonné par M. Duclos, avec l'entrain qu'engendre la joie chrétienne, a dignement couronné cette émouvante matinée, où ont régné le recueillement, la reconnaissance et la prière. Enfin, les paroissiens se sont rendus en masse à la sacristie, pour féliciter une dernière fois leur bienheureux pasteur, mais il faut dire que la joie, une joie qu'on ne retrouve nulle part ailleurs, était répandue sur tous les visages.

VI

Après la cérémonie de l'église, M. le curé offrait un déjeuner au cardinal, dans une salle du nouveau local destiné aux orphelines, aux écoles et aux sœurs de Saint-Vincent de Paul, rue d'Hauteville, n° 56. Il avait réuni autour du cardinal les vicaires actuels de Saint-Eugène, ainsi que ses anciens vicaires, le doyen du chapitre de Notre-Dame, les membres du conseil de fabrique, ceux du comité des écoles, les curés des paroisses où il avait été lui-même vicaire, un représentant de la conférence ecclésiastique Saint-Charles, quelques compatriotes de l'Ariège et quelques amis.

Lorsque ce repas de famille, où a règné la si douce et si charmante cordialité chrétienne, touchait à sa fin, au dessert, le signal des toasts fut donné par l'un des vicaires de Saint-Eugène, ancien professeur de séminaire, ancien vicaire de la Trinité, originaire d'une famille du Nord, d'une de ces familles de foi, heureuses de consacrer des enfants au sacerdoce et au cloitre... l'abbé Hélin, premier vicaire.

On sait de quelle manière le curé de Saint-Eugène est secondé, les vicaires aiment leur curé comme ils en sont aimés. Ils en ont donné une preuve éclatante à propos du 12 mai ; ils ont travaillé de concert avec de généreux paroissiens à faire restaurer et orner l'une des chapelles de l'église, celle du patron lui-même, Saint-Eugène, dans laquelle le souvenir de ce beau jour sera perpétué par une inscription lapidaire. On peut voir avec quel goût a été conduite la décoration de cette chapelle, jusqu'ici nue, négligée et presque abandonnée.

Si le clergé de Saint-Eugène est justement apprécié pour son zèle, pour la manière à la fois apostolique, élégante, pratique, pieuse de ses prônes, pour le soin spécial donné aux nombreux catéchismes des enfants, — ce clergé éclairé compte MM. Hélin, Difs, Ouchard, Riffet, de Chazelles, Robot, Castellani [1], — c'est la coutume à Paris, de distinguer les deux lieutenants qui sont à la droite et à la gauche du pasteur. L'abbé Difs, deuxième vicaire, qui joint aux fonctions communes à tout prêtre une tâche spéciale, est comme le bras gauche du curé. Dans le faubourg Poissonnière-Montmartre, où le public a des exigences un peu athéniennes en matière de prédication, les convenances du Saint Ministère imposent au clergé avec une culture théologique avancée, des prédications utiles, fréquentes et littérairement soignées. M. Difs manie la parole avec un talent réel, en même temps qu'il se tient docilement, résolument, consciencieusement aux œuvres foncières, aux œuvres paroissiales qui lui ont été assignées.

L'abbé Hélin, premier vicaire, est à son tour, le bras droit du curé. Homme d'expérience, esprit à la fois conciliant et ferme, il a, dans l'ordre du bien, une véritable ingéniosité. Par son initiative jaillissent du sol des ressources inattendues, secourables aux paroisses, au moment même où des yeux moins clairvoyants pousseraient au découragement. Voici comment au nom des vicaires de Saint-Eugène, M. Hélin a ouvert le feu pour les toasts ; il s'est exprimé dans la langue des poètes :

---

1. A côté des vicaires, nommons les prêtres auxiliaires, MM. Bertrand, Dionne, Saporito.

Éminence, Messieurs,

« *Des noces d'or!* C'est, montant vers les Cieux,
L'hymne sacré de l'Ange d'une Église
Qui veut fêter, dans des transports joyeux,
Un demi-siècle de prêtrise.
Entendez-vous, s'élançant de son cœur
Son cri de joie et de reconnaissance,
Pour avoir eu le suprême bonheur
D'être longtemps la douce Providence
De l'orphelin ; l'ami des malheureux;
Le médecin des blessés de la vie; »
« L'œil de l'aveugle et le pied du boiteux; »
Heureux en outre, ô sort digne d'envie!
Quand à son âge un autre serait vieux,
Cassé, morose et le front soucieux....
De rester jeune en fait autant qu'en apparence
Sans nul recours aux sources de Jouvence!
Des noces d'or! C'est encor le serment
De se donner, jusqu'au soir de la vie
Comme au matin, sinon plus ardemment,
A l'Épouse toujours si tendrement servie.
C'est le lien, qu'en ce jour solennel,
Sous un nouvel *Habit*, faveur insigne et rare!
(Dont vous savez si l'Église est avare),
A resserré devant le saint autel
Le bon Pasteur, héros de cette fête.
Par sa douceur et son aménité
Il fallait bien qu'il fît votre conquête,
Éminence! Et qu'enfin Votre Bonté
Lui décernât la juste récompense
De tout le bien qu'il a fait en silence
Pendant un demi-siècle! Éminence, merci!
Tout ce clergé, ces fidèles aussi,
Vous sont reconnaissants. Nous, ses auxiliaires,
Avec bonheur nous portons sa santé.
Qui peut savoir, autant que ses vicaires
Et publier jusqu'où va sa bonté?

Qui dira mieux comme il est bon de vivre
A ses côtés? Et, pas à pas, de suivre
Ce guide sûr, cet excellent Pasteur,
« Dont aucun n'approcha sans devenir meilleur? »
Du bien qu'il fait goûtant la douce ivresse,
Qu'il vive encor de longs et d'heureux jours!
Ce ne sera jamais assez pour la tendresse
De ses amis, quand ce serait toujours!... »

VII

Après M. Hélin, le Président du Conseil de fabrique, a pris la parole. M. Pitaux qui, dans la modestie de sa vie, continue les traditions loyales, incorruptibles, chrétiennes de ces illustres fonctionnaires d'autrefois, de ces magistrats qui se montraient dans les affaires hommes de foi, et par suite éminemment hommes de devoir, M. Pitaux, si hautement estimé de tout le quartier, a parlé au nom de ses respectables collègues :

« Éminence,

« Permettez-moi de vous présenter, au nom du Conseil de fabrique de Saint-Eugène, l'expression de sa vive et respectueuse reconnaissance pour votre assistance à cette fête de famille. C'est en effet la famille paroissiale tout entière, clergé et fidèles, Votre Éminence a pu en juger, qui se réjouit aujourd'hui, et remercie Dieu des vingt ans que lui a donnés son bien-aimé Pasteur sur les cinquante années si bien remplies de sa vie sacerdotale.

« Monsieur le Curé, les membres du Conseil de fabrique

ont été, mieux que personne, à même d'apprécier tout ce qu'il vous a fallu de courage, d'abnégation et de bonté pour poursuivre votre carrière laborieuse et distinguée entre toutes, dans une paroisse où la population catholique diminue chaque jour depuis 1870, dont les ressources se sont par suite sensiblement affaiblies, et dont les charges sont énormes pour plusieurs années encore. Grâce à votre désintéressement, Monsieur le Curé, à votre esprit élevé et conciliant, grâce au dévouement éclairé de vos collaborateurs, les rapports de la plus affectueuse confiance et l'accord le plus parfait n'ont cessé de régner entre le Chef de la Paroisse et ses administrateurs temporels, entre le Pasteur et son troupeau.

« Éminence, la foi ne s'est pas éteinte parmi nous ; la charité n'a pas failli ; au contraire, elle a gagné en énergique ardeur sous des épreuves réitérées ; ces lieux que Votre Éminence honore aujourd'hui de son encourageante présence peuvent en témoigner. Mais les cœurs chrétiens sont moins nombreux, car l'Évangile ne se trouve plus, comme autrefois, dans toutes les maisons. Nous luttons cependant avec persistance pour le défendre, pour le conserver à nos enfants, à nos pauvres et à nous-mêmes ; nous luttons peut-être avec quelque succès ; aussi, avec la foi et la charité, conservons-nous l'espérance.

« Sous votre haute et bienveillante protection, Éminence, sous la direction de notre vénéré Curé, nous travaillerons donc de nouveau avec courage et persévérance pour le plus grand honneur de Dieu.

« Que la Providence, Monsieur le Curé, vous accorde de longs jours, et permette que Vous nous les consacriez. Restez avec nous ; soutenez-nous ; conduisez-nous à notre but. »

L'abbé Pousset, ancien premier vicaire de Saint-Eugène, ancien curé de Saint-Christophe de la Villette, où il n'a fait qu'un trop rapide passage, un véritable et solide ami de M. Duclos,... s'il a beaucoup d'esprit, avait trop de cœur, pour laisser passer cette petite fête jubilaire dans le silence, et sans dire quelques paroles, au nom des *anciens* vicaires[1] du curé. On embarrasserait bien des gens, si on leur demandait de décider à propos de M. Pousset ce qui l'emporte, dans ce prêtre d'élite, de la bonté simple ou de l'élévation, de la hauteur d'intelligence ou de la délicatesse de l'âme. Est-ce le théologien, est-ce le pieux et véhément orateur, ou l'administrateur qui prime en lui ?...

Une fatigue accidentelle, qui a condamné M. Pousset pour quelque temps au repos,.... heureusement, n'a pas clos ses lèvres. Il prend la parole, et, selon son habitude, ne fait qu'ouvrir son cœur :

« Éminence,

« C'est au nom des anciens vicaires de Monsieur Duclos que je dois parler. Nous tous, qui avons eu le bonheur de servir Dieu et les âmes dans la Paroisse Saint-Eugène, avons gardé le meilleur souvenir du temps trop court pour plusieurs et surtout pour moi, — que nous avons passé ici.

« Vous nous avez montré, Monsieur le Curé, non par la parole, mais par les actes ce que doit être un Prêtre, un Pasteur dans les temps présents. Vous nous avez appris à aimer, à rechercher la paix avec tous, et d'abord avec ceux que l'ignorance ou le préjugé tient éloignés de notre sainte foi. Nul, mieux que vous, ne sait trouver ce

1. Noms des anciens vicaires de M. Duclos : MM. Millet, curé de Grenelle ; Huvelin, vicaire de Saint-Augustin ; Bertheuille, premier vicaire honoraire de Saint-Eugène ; Pousset, chanoine de Paris, ancien curé de la Villette ; Tardif, premier vicaire de Saint-Honoré d'Eylau ; Blériot, premier vicaire de la Villette ; Bozon, deuxième vicaire de Saint-Vincent de Paul ; Bourges, vicaire de Notre-Dame de Lorette. Cinq autres des anciens vicaires de M. Duclos, sont décédés : MM. Bessière ; Cotin ; Avril ; Marteau ; Lieutard.

qui rapproche les hommes, dissimuler ce qui les sépare.

« Quels exemples de charité nous avons reçu de vous! Permettez-moi d'être indiscret et de dire une fois tout haut ce que jadis vous nous défendiez de dire même tout bas. J'ai été, durant deux années, le distributeur de vos aumônes; combien je donnais alors de sommes considérables ou moindres aux solliciteurs de toutes les catégories! Souvent je me crus obligé de vous prêcher, sans succès, la vertu d'épargne: de vous faire remarquer que telle requête dépassait toutes les bornes connues; qu'elle était faite en termes malsonnants. Vous étiez de mon avis, vous souriiez, et me disiez de donner ce qu'on demandait. Une fois je donnais ainsi, bien malgré moi, plus de sept cents francs.

« Et, d'ailleurs, nous, vos vicaires, depuis dix-huit années, n'avons-nous pas reçu de vous, à époque fixe, comme si vous soldiez une dette, quelques bons billets destinés à compléter les traitements que la Fabrique de Saint-Eugène avait dû considérablement rogner afin de payer l'énorme redevance annuelle de 40000 francs au Conseil municipal. Vous donniez de la même manière aux serviteurs de l'Église, et de ce chef seulement, vous dépensiez annuellement plus de 3600 francs, quoique vos propres revenus aient été diminués par l'abandon que vous avez fait à votre Fabrique de quelques-uns de vos droits de Curé.

« Je me fais un devoir de dire ces choses, cher Monsieur le Curé, quoique je craigne que vous me gardiez un peu rancune. Mais je sais avec quel soin vous cachez ce que vous faites, et vous y réussissiez beaucoup trop, à mon filial sentiment. On semble ignorer quelquefois les œuvres considérables que vous avez accomplies : N'avez-vous pas donné à Saint-Eugène une Chapelle des catéchismes et une École de garçons? N'avez-vous pas, il y a trois ans, fondé une École de sœurs? Ne venez-vous pas d'acheter, il y a à peine quelques semaines, la maison où nous sommes réunis afin d'y établir les filles de Saint-Vincent-de-Paul et toutes leurs œuvres? N'avez-vous pas payé presque entièrement les 1200000 francs qui étaient dus à la Ville de Paris?

« Nous demandons à Dieu qu'il vous conserve longtemps encore à cette Paroisse que nous aimons tant, parce que nous y avons vécu heureux auprès de vous. »

VIII

Après M. Pousset, trois autres toasts ont été portés, — par le docte et vaillant M. Charles d'Héricault, le fondateur de la *Revue de la Révolution*, au nom des publicistes, des gens de lettres [1], des historiens, au nom surtout d'une amitié de 40 ans, — par le sénateur M. Bordes-Pagès, connu par ses travaux philosophiques, promoteur du percement des Pyrénées par un tunnel,... au nom de l'Ariège, pays natal de M. Duclos, — par M. le docteur Commenge, ancien interne des hôpitaux, élu par ses collègues Président de la Société médicale des bureaux de bienfaisance,... au nom des souvenirs communs d'enfance, et des liens de leurs familles respectives, Duclos, Commenge.

M. Commenge, médecin, praticien très habile, renommé pour sa grande expérience médicale, qui s'est consacré, dans la capitale, à la question de l'assistance des malheureux à domicile, et dont les écrits scientifiques ont été souvent appréciés par l'Académie de Médecine, a connu, par ouï-dire, les jeunes années de M. Duclos, qui fut reçu à la tonsure par l'illustre Mgr d'Astros, archevêque de Toulouse.

1. On pourrait dire au nom des félibres de Paris, M. Duclos, ayant été classé parmi les félibres pour s'être occupé de poésies romanes dans son *Histoire du Comté de Foix et des Ariégeois*.

M. Commenge put savoir aussi comment M. Augé, Mgr Jacquemet, Mgr Buquet et Mgr Maret, les trois premiers, alors vicaires généraux de Paris, décidèrent vers 1842 la vocation *parisienne* de celui qui devait, un jour, devenir curé de Saint-Eugène. Voici l'improvisation de son amitié :

« Éminence, Messieurs,

« En écoutant l'éloquent discours de M. l'abbé Huvelin, j'ai été profondément ému. Ma pensée s'est reportée vers nos montagnes de l'Ariège, et les souvenirs de l'enfance se sont présentés en foule à mon esprit. Il m'a semblé alors que, dans le portrait si finement tracé du Curé de Saint-Eugène, une note faisait défaut; vous voudrez bien me permettre de vous la faire connaître.

« Au milieu de toutes les qualités éminentes énumérées par Monsieur Huvelin, il n'a pas été question de ce don particulier, de ce besoin spécial d'être hospitalier, qui domine chez notre ami. La maison de l'abbé Duclos a été, de tout temps, la maison ouverte par excellence. Personnellement, je sais combien cette hospitalité a été toujours aimable et affectueuse.

« Lorsque je suis venu à Paris, il y a de cela longtemps, c'était à la fin de 1847, je quittais, le cœur un peu gros, mon excellente mère. La pauvre femme ne me voyait pas, sans appréhension, abandonner ma petite ville de St-Girons, pour me rendre dans cet immense Paris, qui fait toujours un peu peur au cœur des mères; aussi, sa dernière parole fut-elle : « Tu iras voir mon amie Madame Duclos mère! ». — Je n'oubliai pas la recommandation qui m'avait été faite et, dans l'isolement de Paris, j'étais bien heureux d'aller frapper à la porte de l'abbé Duclos, où j'ai toujours trouvé l'accueil le plus amical. Mon frère, prêtre, qui avait été l'élève et l'ami de l'abbé Duclos, m'avait fait connaître quelques-unes de ses qualités; il m'avait dit l'admiration qu'il conservait pour son ancien professeur. J'avais partagé son enthousiasme pour notre compatriote et j'étais plein de respect pour le maître préféré de mon frère aîné. Plus tard, c'est l'amitié qui a remplacé le respect des jeunes années. Dans les douloureuses épreuves que la vie me réservait, j'ai toujours vu, à côté de moi, mon compatriote et mon ami : lorsque mon frère[1] a été trop tôt enlevé à mon affection, c'est l'abbé Duclos qui l'a remplacé pour bénir mon mariage ; c'est lui qui a baptisé mes enfants !

« La maison du Curé de Saint-Eugène s'est ouverte pour beaucoup de mes compatriotes : ils pourraient, comme moi, vous dire combien cette hospitalité est gracieuse, combien on est enchanté de vivre dans l'intimité de cet esprit distingué, de cet homme si tolérant et si bon !

« En regardant autour de moi, je vois se presser auprès du Curé de Saint-Eugène les hommes les plus éminents du Clergé parisien, qui ont tenu à lui apporter aujourd'hui le témoignage de leur estime et de leur affection, pour tout le bien qu'il a fait depuis cinquante ans qu'il est prêtre ! Cette réunion me rappelle une manifestation analogue, qui s'est faite dans l'Ariège, il y a deux ans. Mon excellent compatriote, qui a conservé à Paris, comme tous les Ariégeois, l'amour du sol natal, est allé revoir nos montagnes. Dès que son arrivée a été connue, il s'est produit, dans tout le département, un désir de le voir, un besoin de le remercier. C'est que l'abbé Duclos est l'historien de l'Ariège ; il a consacré un travail de Bénédictin à raconter, avec amour, les hauts faits des Ariégeois, qui se sont distingués à toutes les périodes de notre histoire ! Un banquet, organisé en peu de jours, fut offert à l'écrivain impartial qui a su être juste pour tous les partis et pour toutes les opinions. On put voir, dans cette réunion, le Républicain le plus avancé coudoyer le Conservateur le plus ferme, et l'harmonie la plus parfaite régner dans ce milieu ! La bonté, l'amabilité et l'esprit de tolérance de notre excellent Curé avaient obtenu ce merveilleux résultat : faire taire les animosités politiques et faire oublier l'aigreur des luttes locales !

1. L'abbé Commenge, le digne et si regretté curé d'Ax-les-Thermes, l'un des prêtres les plus distingués du diocèse de Pamiers (Ariège).

« Tous ceux qui ont assisté à ce banquet admirèrent, alors, la vivacité d'esprit, la jeunesse de cœur et de corps de notre cher compatriote. Si ces amis enthousiastes de l'historien des Ariégeois entendaient dire, aujourd'hui, qu'il a *75 ans*, ils n'en voudraient rien croire ; ils partageraient mon impression de l'heure présente, et approuveraient la motion que je vous adresse, en vous proposant de lever notre verre en l'honneur du *plus jeune des Ariégeois!*

Rendons témoignage à la vérité. Durant cette avalanche de choses flatteuses et de louanges à l'adresse du vénéré jubilaire, on nous a rapporté que M. Duclos ne savait trop quelle contenance faire, et nous soupçonnons qu'il devait singulièrement désirer de pouvoir se cacher. Quoi qu'il en soit, puisqu'il s'agit de dévouement pastoral, nous n'oublions pas que les Livres Saints ont presque des accents enthousiastes, pour les deux grandes formes du dévouement ecclésiastique relatif aux âmes, et d'abord pour celui relatif à ceux qui vont, *au loin*, porter l'Évangile avec la connaissance de Jésus-Christ, civiliser et sanctifier les individus à travers les îles et les continents, comme les Chanel, les Perboyre, les P. Damien! *Quam pulchri pedes evangelisantium!* Qu'ils sont beaux les pieds de ces missionnaires qui vont vivre et mourir pour tout ce qui est sauvage et païen! pour éclairer et sauver les âmes étrangères à la Foi!

A côté de cela, les Livres Saints célèbrent aussi les saintes vocations, en un sens *sédentaires*, le dévouement obscur, continu, des pasteurs de paroisse, vieillissant au milieu des troupeaux, conducteurs des âmes et des cœurs. « *Plantati in domo domini, in atriis domus domini, florebunt. Adhuc multiplicabuntur in senectâ uberi.* » (Psaum. XCI, 13 et 14). Ceux qui sont *plantés*, c'est-à-dire, immobiles ou sédentaires, dans la maison du seigneur, en d'autres termes, les prêtres de paroisse, les curés, qui fleurissent dans les parvis de la demeure divine et à la portée des fidèles,.... ceux-là, en vieillissant, feront un bien toujoursre nouvelé, leur vieillesse sera pieusement féconde, *multiplicabuntur in senectà.*

IX

Maintenant que notre récit va se terminer, ajoutons qu'il semblait bien difficile qu'à pareille fête, le pasteur lui-même ne mêlât pas sa voix à tant de voix. Placé à la droite du cardinal, M. Duclos s'est levé, et il a dit :

« MESSIEURS ET AMIS,

« Ne voudrez-vous pas que je place un mot, bien que, dans mon émotion, il me soit impossible de répondre à tout ce qui a été fait, à tout ce qui a été dit, et si bien dit, en prose et en vers, ici comme dans le lieu de la prière... Une fête splendide, des apprêts considérables, surtout le concours de tant de personnes honorables, les pauvres mêlés aux riches, tous venant prier pour le Pasteur, cette transformation de la chapelle de Saint-Eugène, dont je suis heureux pour le patron de notre paroisse, toutes ces paroles si aimablement cordiales qui ont été dites... enfin, couronnant le tout, la présence affectueuse de notre vénéré cardinal, qui se mêle à notre fête de famille, lui si absorbé, si réclamé par tout notre grand diocèse... En vérité, Messieurs et Amis, mon cœur déborde de joie et de reconnaissance devant cette explosion de sympathies. Et, comme si ce n'était point assez, notre bien-aimé Archevêque a mis le comble en honorant la paroisse dans son humble pasteur, en me conférant la dignité de chanoine, en m'attachant par un nouveau lien à sa personne sacrée et à son illustre métropole.

« Eminence,

« Lorsque le cardinal Guibert, de glorieuse et sainte mémoire, m'assigna cette paroisse en 1872, il m'envoya vivre, non seulement dans une paroisse de création récente, mais aussi dans une paroisse dont la marche devait, depuis sa fondation, se traîner dans des difficultés complexes d'ordre matériel et financier, et aussi d'ordre moral. Aux familles anciennes ont succédé des familles mobiles, instables, sans racines dans le quartier.

« Mais n'ai-je pas toujours été secondé par un clergé consistant, appliqué à ses devoirs, et doué des qualités qui vivifient les paroisses, je veux dire l'esprit de concorde [1] et le zèle évangélique, d'où l'on retire tant de force contre les difficultés ?

« On a dit de notre église Saint-Eugène, construite tout en fer, qu'elle ressemblait à une *gare*. Nous répondons, mes vicaires et moi, « Oui, une gare, si vous voulez, mais à la condition que, grâce à nos efforts continus, ce soit une gare menant au ciel ! »

« Durant ces vingt ans, mes vicaires n'ont pas changé d'allure et d'esprit. On a pu choisir, dans leurs rangs, pour en fournir à d'autres paroisses, des *premiers* vicaires, des

1. Nous n'avons pas à Saint-Eugène, la devise soi-disant des religieuses de Lagny, devise satirique, créée sans doute dans un jour d'ironie... « Toujours ensemble, jamais d'accord. »

deuxièmes vicaires, dont la piété, les talents, le zèle servent utilement l'Église. D'ici sont sortis des prédicateurs éloquents; témoin, celui qui parlait ce matin, à la messe [1]; des curés éminents, poussant quelquefois leur labeur plus loin que leurs forces physiques [2]. Jusqu'à notre conseil de fabrique, qui s'est chargé de fournir au séminaire Saint-Sulpice, des étudiants, puisqu'un membre de notre conseil devenait lui-même, il y a peu d'années, un séminariste distingué [3].

« Je viens de nommer le Conseil de fabrique. Conjointement avec mes vicaires, les hommes intelligents et dévoués qui font partie de ce Conseil, ont été ma force en face des difficultés.

« C'est que nous vivons ici, en présence d'un perpétuel paradoxe. Nous payons péniblement la valeur de l'Église; nous en aurons bientôt soldé la valeur en totalité — 1 *million 200 000 francs:* — et après cela, néanmoins, l'Église, payée par nous, *ne nous appartiendra pas!!!* — Ce paradoxe n'a point rebuté notre Conseil, ni le vaillant Président qui fut longtemps à sa tête, et qu'à notre grand regret, Dieu nous a enlevé, l'année dernière [4].

« Pour une raison exceptionnelle, qu'il est inutile de rappeler, nous eûmes, dans la seule année 1882, à donner au gouffre béant de l'avidité municipale qui reçoit de nous, chaque année, 40 000 francs, un surplus de 65 000 francs. Il fallait donc, dans une même année, faire honneur à une exigence de 105 000 francs. Loin de s'envelopper dans de stériles gémissements, le Conseil de fabrique, de concert avec moi, ouvrit une souscription. Les Paroissiens, prompts et secourables, nous vinrent en aide. Nous donnâmes les 105 000 francs.

« En 1887, nouvelle épreuve, mais nouvel appui aussi de nos administrateurs temporels. Lorsque l'Assistance pu-

---

1. L'abbé Huvelin.

2. M. Pousset, ancien curé de la Villette.

3. Le regretté M. Tiroux, ancien avocat, enlevé par une mort accidentelle, un an après son entrée au séminaire.

4. L'honorable M. Meignan, l'aimable châtelain de Jallanges, aux environs de Tours, si dévoué aux œuvres de Saint-Eugène.

blique et la Municipalité expulsèrent d'un local occupé gratuitement depuis 40 ans, nos orphelines, nos bonnes sœurs et nos Écoles, nos Messieurs de la Fabrique se rendirent immédiatement devant la brèche, avec le Comité des Écoles et son intrépide et si généreux Président. Les pertes ont été bientôt réparées. Une souscription a été ouverte par nous ; plus de 185000 francs nous sont arrivés, grâce toujours à l'infatigable générosité de nos Paroissiens ; nous avons ainsi conservé l'École libre des sœurs. Répétons-le donc, si d'énormes difficultés n'ont pas cessé de nous faire cortège, depuis que Saint-Eugène est créé, j'ai toujours trouvé deux robustes appuis, l'un dans le zèle pieux de mes chers vicaires, l'autre dans les si honorables et si chrétiens membres de notre administration temporelle, généralement versés dans les affaires.

« Les affaires ! — On a dit précisément, qu'étant un quartier d'affaires, nous étions un pays de sécheresse et de dureté parcimonieuse ! — Cette conséquence n'est pas exactement tirée. Je voudrais pouvoir montrer, ici, de grands, de nobles cœurs, au milieu de nous, qui systématiquement se voilent, mais ne lésinent jamais avec les sacrifices de la bourse. Oui ! qu'on cherche ailleurs les égoïstes qui ne donnent que pour eux-mêmes, pour leurs appétits personnels et exclusifs ! Ici, les habitants de notre paroisse savent donner, et donnent pour Dieu !

« Ce toit, qui nous abrite en cet instant, et qui va bientôt nous appartenir, est un fait et une leçon de Providence, en même temps que les murailles de cet édifice témoignent de la largeur des âmes. Dieu nous a conduits à un propriétaire qui, tout en concluant une affaire honorable, a su voir dans la transaction présente, une bonne œuvre, et nous a donné la préférence sur d'autres prétendants-acquéreurs, nos rivaux. N'entrons-nous pas sous de bons auspices ? Ce propriétaire[1] maintenant au milieu de nous, ne nous laisse-t-il point espérer, avec sa générosité chevaleresque, avec son souci de la moralisation chrétienne des nouvelles générations, qu'il continuera sa bienveillance sur une œuvre dont il a fourni les premiers éléments ?

---

1. M. Dehaynin.

« Éminence,

« J'ai fini. — Il y a quatre ou cinq ans, un de mes honorables confrères, un autre curé de Paris, dans une semblable cérémonie de Jubilé, voulant s'excuser de ses paroles qu'il croyait avoir été trop longues, alléguait... savez-vous quoi? le bavardage des vieillards... Je ne sais ce qui en est de ce bavardage. C'est la première fois de ma vie qu'il m'arrive d'avoir 75 ans.

« Quoi qu'il en soit, j'avais besoin, dans cette conjoncture, de dire tout ce qui a rempli mon cœur depuis que je suis à la tête d'une paroisse. Et je veux terminer, en renouvelant pour moi et pour tous, l'expression de notre vénération profonde, et nos actions de grâces au si digne successeur du grand cardinal Guibert, à notre bon archevêque, qui, dans sa paternelle condescendance, est venu rajeunir mes vieilles années, en présidant notre fête de famille, lui qui clôture ma carrière sacerdotale [1], de même que l'ouverture en fut faite, il y a 50 ans, par un de ses saints amis, l'ancien évêque de Nantes, Mgr. Jacquemet.

« Amour, respect, profonde gratitude au Pasteur commun de nos âmes. »

X

La série des toasts était-elle épuisée? Il le semblait, lorsque, à la surprise de tous, un orateur inattendu a demandé si l'on pouvait l'entendre. Celui qui tenait à prendre la parole, n'était autre que le propriétaire lui-même de l'immeuble de la rue

1. Un évêque de Londres, disait : « Les noces d'or, c'est un jour qui touche à sa fin. »

d'Hauteville où s'achevait le banquet fraternel, le propriétaire de cet hôtel n° 56, qui devenait la maison des écoles de Saint-Eugène ; c'était l'honorable M. Dehaynin, populaire à Paris et à Bruxelles, par ses grandes opérations industrielles, membre de la Chambre de Commerce, ancien conseiller municipal. M. Félix Dehaynin, que M. Duclos venait de désigner, n'a pu résister au désir d'exprimer son impression personnelle, à cette cérémonie de noces d'or. Si M. Dehaynin avait eu à dire son mot sur la vieillesse du pasteur qu'on fêtait, il aurait évidemment laissé de côté le passage de saint Jérôme, dans lequel ce grand docteur s'en prend à une tête blanchie, à l'image de celle du Christ : *Videlicet ut senectutem tuam et caput ad similitudinem Christi candidum dignis vocibus prædicemus* (S. Hieran, Épist. X, *ad Paulum senem, ap. Migne, Patrolog.* — T. XXII, p. 343). Il venait d'entendre parler de « jeune Ariégeois. » M. Dehaynin ne voyait pas d'ailleurs que M. Duclos, vif encore et jeune de caractère et d'allure fût courbé par les ans, ni teint en chevelure de couleur blanche. Alors vint l'idée de s'arrêter à la transformation que subissait l'hôtel dont il cédait la propriété. Du reste ce type de propriétaire et de patron, tel qu'il est incarné dans M. Dehaynin [1], n'a rien du type supposé farouche, contre lequel socialistes et grévistes élèvent leurs doléances et leurs colères. La facile

1. Il possède la maison qui fait suite, rue de Rivoli, à l'hôtel Continental, dans la direction de la Concorde, non loin du marquis de Narbonne-Lara. Il y réside maintenant.

élégance de son langage pouvait faire admettre qu'il y avait de sa part une longue habitude de la parole en public. Toutefois, ce qu'on a senti immédiatement, c'est qu'on avait affaire à une âme bonne, sensible, portant intérêt aux nobles causes, connaissant pratiquement les classes ouvrières, devinant par un sûr instinct, l'indissoluble rapport des préoccupations religieuses avec la conservation sociale. Son speech en portait l'empreinte évidente. Si cette maison n° 56, dont il allait se séparer, évoquait pour lui de chers souvenirs de famille— lorsque nous avons longtemps vécu quelque part, les lieux, les murs ont pris quelque chose de nous-mêmes — M. Dehaynin était heureux de penser que cet immeuble, qui abrita longues années (40 ans) ses parents, allait être consacré par la charité et la religion. Sa chaude affirmation, le 12 mai, ne laissait aucun doute sur le diapason philanthropique et chrétien de cette âme. Glorieux ou inconnu, nouveau ou familier à ceux qui l'écoutaient, M. Dehaynin est une de ces physionomies dont la droiture, l'amour de l'ordre et la bonhomie vous gagnent irrésistiblement, parce que, sous cette enveloppe, reposée et tranquille, brûle — on le sent — avec le culte du travail, une conviction sainte, la flamme du bien à entreprendre, du bien à continuer.

M. Félix Dehaynin, propriétaire de la maison, a pris la parole pour remercier M. l'abbé Duclos de sa bienveillance, et a continué son allocution, en s'adressant à son Éminence.

« Éminence,

« Je suis heureux de vous exprimer la joie que nous éprouvons de votre présence au milieu de nous; vous venez de rendre grâces à Dieu, au pied de l'autel de l'église Saint-Eugène, des services si dévoués que M. l'abbé Duclos, Curé de cette Paroisse, a rendus, pendant les cinquante années sacerdotales qu'il vient d'accomplir.

« Par sa bonté, par ses œuvres de piété et par son saint ministère, M. l'abbé Duclos s'est acquis la reconnaissance des Fidèles de la Paroisse Saint-Eugène.

« Vous venez également consacrer, par votre présence dans cette maison, la sainte et touchante installation des bonnes Sœurs de Saint-Vincent-de-Paul qui vouent leur existence à l'éducation des jeunes filles pauvres.

« Cette maison a été habitée pendant quarante années par un homme de bien, mon beau-père et mon meilleur ami, respecté et chéri de ses enfants, honoré et aimé de ses amis et de sa famille, qui est heureuse de savoir cette maison, dont le foyer a toujours été pur et honnête, consacrée, à l'avenir, à une sainte mission sur terre, à la prière et à l'éducation de jeunes filles pauvres.

« En leur enseignant l'amour de Dieu et celui du travail, vous leur rendez un grand service dont elles devront se montrer reconnaissantes.

« Nous vous adressons, Éminence, l'hommage de notre profond respect et de notre vif attachement.

XI

Le cardinal a pris le dernier la parole. Avec sa grande cordialité, il ne pouvait pas ne pas résumer les impressions de cette journée mémorable. Il l'a fait en termes tels qu'une suavité divine coulait, ruisselait dans l'âme des auditeurs. Mgr Richard rappelait qu'il n'y a vraiment de joie complète qu'avec la religion, indiquant à quelle source se rattachent les joies pures du troupeau et du pasteur, et montrant combien le naturel a besoin d'être pénétré de surnaturel.

« Cette fête, a ajouté son Éminence, est celle de la *Bonté* et de la *Charité*.

« Tout ce que l'on vient de dire, tous les compliments vraiment sentis qu'on vient de faire en si excellents termes, ne prouvent-ils pas que le héros de cette réunion a su, depuis longtemps, captiver tous les cœurs, par son inépuisable bonté et son extrême bienveillance ?

« C'est la fête de la *Charité*. La maison qui nous abrite le prouverait à elle seule. N'a-t-elle pas été acquise par les souscriptions généreuses de toute une paroisse ? Et son digne propriétaire, dans un langage que nous avons tous apprécié, ne nous montre-t-il pas que cette vertu est loin de lui être inconnue ? »

Enfin, reprenant une dernière parole de M. Duclos, qui avait provoqué de doux sourires, le cardinal Richard y a donné une réplique charmante :

« Monsieur le Curé a dit : *C'est la première fois qu'il lui arrive d'avoir 75 ans*. Cela laisse donc supposer qu'il est capable de les avoir encore une seconde fois !... En tous cas, cher monsieur le Curé, laissez-moi vous souhaiter de les avoir, et bien au-delà... dans l'autre vie. Et la seconde fois que vous les aurez, ces 75 ans, ce sera pour toujours. Je termine en disant au *jeune Ariégeois*...

« AD MULTOS ANNOS ! »

Nous placerons plus bas, en forme d'appendice à la fête du 12 mai, deux morceaux, l'un en prose, d'un écrivain méridional, l'autre d'un versificateur parisien, vétéran de la presse, ancien rédacteur en chef d'un journal.

Le *Moniteur de l'Ariège* du 18 mai 1890, contenait sous forme de lettre adressée au Directeur, datée des environs de Foix, l'article que nous remettons à la page suivante :

NOCES D'OR DE M. DUCLOS

CURÉ DE SAINT-EUGÈNE, A PARIS

11 Mai 1890.

« Cher Monsieur le Directeur,

« Demain, 12 mai, auront lieu, à Paris, les noces d'or de notre vénéré M. Duclos, l'éminent auteur de l'*Histoire des Ariégeois*. Cette fête sera présidée par S. E. le cardinal-archevêque de Paris, qui, à cette occasion, vient de nommer notre bien-aimé compatriote chanoine honoraire de Notre-Dame, son église métropolitaine.

« J'étais invité, comme vous, à y assister.

« Hélas! mes occupations et la distance ne me l'ont point permis.

« Je le regrette, car c'eût été pour moi un vrai bonheur que de me réunir aux innombrables amis de M. Duclos.

« Je me dédommagerai en m'unissant à eux par la pensée, par la prière.

« Voilà donc déjà cinquante ans d'un ministère laborieux et fécond, entièrement consacré à la sanctification des âmes, à l'exercice de la charité par l'entretien d'une multitude d'œuvres et à l'encouragement des sciences et des arts par une étude approfondie de l'histoire universelle en général et de l'histoire de son pays en particulier.

« Le dévouement, la charité du clergé ont été de tout temps si prodigieux qu'il devient presque banal de les proposer à l'admiration de tous. Mais, parmi ces héros, plusieurs se distinguent au point de s'élever dans l'estime des hommes et forcer la sympathie même de ceux qui sont ordinairement prévenus contre cette classe de citoyens, soi-disant parce qu'ils sont revêtus d'un caractère sacré, ce qui pourtant ne leur enlève aucun mérite, et d'un costume trop modeste, qui en vaut bien un autre.

« Nous sommes doublement heureux de pouvoir placer M. Duclos dans cette glorieuse phalange d'illustrations contemporaines qui honorent l'Église et le pays qui les a vus naitre.

« Remarquable par la fécondité surprenante de son inépuisable érudition, M. Duclos ne l'est pas moins par les qualités de son cœur. Ses ouvrages, nous les connaissons, nous les lisons, nous les étudions, nous les admirons. Ses vertus, nous les retrouvons dans mille et mille traits d'exquise délicatesse, de douceur, de générosité, de dévouement à toute épreuve, de zèle, d'empressement à vous être agréable, à vous servir.

« Que de fois, sans vouloir certes jeter le discrédit sur qui que ce soit, je me suis oublié à comparer entre elles certaines personnalités marquantes! Je n'en ai point encore trouvé d'aussi bien douées, d'aussi larges, d'aussi intelligentes, d'aussi charitables que notre bon, que notre illustre M. Duclos.

« Aussi, est-ce de tout cœur que demain je prierai Dieu de le conserver longtemps encore à notre affection!

« Ah! c'est que nous sommes fiers dans l'Ariège de le posséder comme une des gloires les plus pures de notre département!

« Aussi l'enthousiasme me fera-t-il peut-être pardonner cette timide explosion d'éloges échappés au cœur d'un respectueux et reconnaissant ami.

« Lorsque ces lignes, forcément tardives, paraitront, M. Duclos aura déjà directement reçu mes félicitations et mes hommages, évidemment perdus dans ce concert unanime de vœux et de prières qui se seront élevés de toute part en son honneur.

« Mais ce qui me console et me rassure, c'est que, sans trop présumer de ses sentiments à notre égard, il me semble que tout ce qui lui parviendra, tôt ou tard, de l'Ariège, dans ces heureuses circonstances, lui sera particulièrement cher.

« Du fond des bois où je m'agite, sans trop pourtant bouger de place, j'envoie un bouquet de fleurs rustiques au chantre délicieusement inspiré de nos vallées! Et comme, après tout, c'est une vraie fête de famille ariégeoise, je lève mon verre et je bois : A monsieur Duclos! *Ad multos annos!*

« Ami lecteur, faites-en autant.

« JEAN LE MOISSONNEUR. »

Enfin, nous rapporterons une des poésies ; car plusieurs ont été adressées à M. Duclos :

D oux et pieux Pasteur, voici vos noces d'or,
U n jour béni par tous... Oh! Vous verrez encor
C elles de diamant, et, mieux qu'une espérance
L e Ciel met dans nos cœurs une sainte assurance.
O ui, Prêtre aimé de tous, charitable Curé,
S avant Historien, vous êtes vénéré!

(L. ROLLAND).

Nous croyons presque inutile, la dernière réflexion qui nous vient à l'esprit, à la fin de ce récit. Si ce n'était pas les 75 ans de M. Duclos, ne faudrait-il pas craindre que ces apothéoses avec ces nuées d'encens, répandues à profusion dans les pages qui précèdent, ne vinssent à troubler sa tête, heureusement solide encore ? Comment échapper à l'ivresse? Mais à 75 ans, on doit savoir à quoi s'en tenir, et se demander combien de grammes, sur cent kilogrammes d'éloges, on est humblement en droit de retenir. *Non nobis, Domine, non nobis, sed nomini tuo da gloriam.*

Paris. — Imp. E. CAPIOMONT et Cie, rue des Poitevins, 6.

90

www.ingramcontent.com/pod-product-compliance
Ingram Content Group UK Ltd.
Pitfield, Milton Keynes, MK11 3LW, UK
UKHW020443180726
13839UKWH00004B/1596